Les incollables®

8-9 ANS

W0462845

POKÉMON™

TOUTE MON ANNÉE DE CE2

LEÇONS ET EXERCICES

playBac

SOMMAIRE

FRANÇAIS

MATHS

CORRIGÉS

Remarque : ce cahier applique l'orthographe rectifiée.

Un grand merci à Stéphanie Herbaut pour la conception des activités et la rédaction.
Et aussi à Marjorie Baudry, Chloé Bracou, Charlotte Brou, Jean-Louis Broust, Laura Clochard, Marine Coulombeau, Nicolas Legoll, Karine Marigliano, Christopher Murugiah, Audrey Peuportier, Jodie Ranaivo, Emmanuelle Serrero-Després.
Réalisation : Antartik.

www.playbac-editions.com
ISBN : 9782809691023 - Dépôt légal : février 2025
Imprimé en Serbie par Publikum.

MIXTE
Papier | Pour une gestion forestière responsable
FSC® C117682

RETROUVE L'ENSEMBLE DES TITRES INCOLLABLES POKÉMON !

Les éventails de questions-réponses à emporter partout

GS au CP

CP au CE1

CE1 au CE2

CE2 au CM1

CM1 au CM2

Famille

Les cahiers de vacances pour réviser tout l'été

GS au CP

CP au CE1

CE1 au CE2

CE2 au CM1

Les cahiers de soutien pour réussir son année

CP

CE1

CE2

Les carnets de jeux avec stickers

Pikachu

Évoli

Salamèche, Carapuce, Bulbizarre

Mew

Le sous-main pour organiser son année

Le cahier d'activités

130 jeux et 60 stickers

En route vers la victoire !

Colorie une Poké Ball à chaque exercice juste !

Les types et formes de phrases

MÉMO

- On distingue trois types de phrases.
  - La phrase **déclarative** donne une information. Elle se termine par un point.
    Ex. : Les Dresseurs s'entrainent chaque jour.
  - La phrase **interrogative** pose une question. Elle se termine par un point d'interrogation.
    Ex. : Y a-t-il une Arène Pokémon dans cette ville ?
  - La phrase **impérative** donne un ordre. Elle se termine par un point ou un point d'exclamation.
    Ex. : Entraine-toi plus souvent.
    Commencez le combat !

- Une phrase peut être à la forme **affirmative** ou **négative**.
  Ex. : Pikachu mange une Baie. → forme affirmative
  Pikachu ***ne*** *mange* ***pas*** *une Baie.* → forme négative
  Vigoroth ***ne*** *reste* ***jamais*** *immobile.* → forme négative

EXERCICE 1

Pour chacune des phrases, coche le bon type.

	déclarative	interrogative	impérative
a. Où se trouve la prochaine Arène ?	☐	☐	☐
b. Complétez le Pokédex !	☐	☐	☐
c. Lilliterelle est un Pokémon Sauterelle.	☐	☐	☐
d. Comment s'appelle cette Championne d'Arène ?	☐	☐	☐
e. Chocodile est un Pokémon de type Feu.	☐	☐	☐

EXERCICE 2

Complète chaque phrase par le bon signe de ponctuation.

a. Dépêchez-vous avant que le combat commence ......

b. Où se trouve le Centre Pokémon ......

c. Canarbello et Oyacata sont tous les deux de type Eau ......

d. Quelle est l'évolution de Terracool ......

EXERCICE 3

Transforme les phrases affirmatives en phrases négatives.

a. Le combat est terminé.

....

b. Flabébé aime les fleurs rouges.

....

c. Têtampoule est de type Eau.

....

EXERCICE 4

Lis la description, puis réponds aux questions.

Toutombe est un Pokémon de type Spectre. Il est sociable. Il n'aime pas être seul.

a. Combien de phrases comptes-tu ? ....

b. De quel type sont ces phrases ? ....

....

c. Recopie la phrase négative. ....

....

DICTÉE

Écoute bien ce qui est dicté par un adulte et complète les phrases.

Texte p. 44 des corrigés.

Voltorbe ....

.... Poussacha ....

.... Dracolosse ....

FRANÇAIS

En route vers la victoire !

Colorie une Poké Ball à chaque exercice juste !

Les déterminants

MÉMO

- Le déterminant est le mot qui se trouve juste **devant** le nom.
Il **s'accorde en genre et en nombre** avec le nom.
Ex. : ***le*** *Pokémon,* ***une*** *Dresseuse,* ***des*** *Baies.*

- Le déterminant et le nom forment ensemble un **groupe nominal**.

- Parmi les déterminants, on distingue :
  - les **articles définis** : le, la, l', les ;
  - les **articles indéfinis** : un, une, des.

EXERCICE 1

Complète par l'un des déterminants suivants : l' - le - la - des - les.

a. Évoli est .... Pokémon qui possède le plus d'évolutions à ce jour.

b. Akwakwak nage dans les eaux .... lacs.

c. Magnéti se déplace en flottant dans .... airs.

d. La laine de Wattouat tombe .... été.

EXERCICE 2

Dans chaque groupe nominal, souligne le nom et entoure le déterminant.

des voyages

l'entrainement

les amis

un combat

le Professeur

une victoire

l'attaque

la Poké Ball

des évolutions

EXERCICE 3

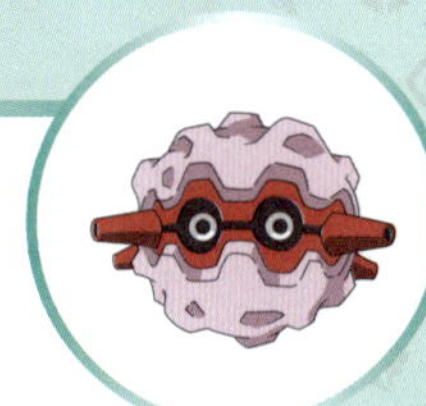

Entoure les articles indéfinis.

a. Une énorme carapace protège le corps de Foretress.

b. Méditikka mange une Baie par jour.

c. Avaltout est capable d'avaler un pneu entier.

d. Camérupt vit dans les cratères des volcans.

EXERCICE 4

Complète par des articles définis.

a. Miaouss est fasciné par .... objets brillants.

b. Magnéti se déplace dans .... air.

c. .... rayons du soleil donnent de .... énergie à Héliatronc.

d. .... nuit, ... bout de .... queue de Pharamp brille.

e. Simularbre prend ..... apparence d'un arbre pour éviter .... attaques, mais il déteste ..... eau et ..... pluie.

EXERCICE 5

Entoure les déterminants, puis classe-les dans le tableau.

- Cacturne vit dans les déserts.
- Mustéflott, lui, vit souvent près des ports de pêche.
- Mascaïman vit dans les sables des déserts qui le réchauffent et le cachent à la fois.
- Lorsque Rondoudou se gonfle, il peut chanter une berceuse.

Articles définis	Articles indéfinis
....	....
....	....

DICTÉE

Écoute bien les groupes nominaux dictés par un adulte avant de les écrire.
Texte p. 44 des corrigés.

....

....

....

Les niveaux de langue

En route vers la victoire !

Colorie une Poké Ball à chaque exercice juste !

MÉMO

- Il existe trois niveaux de langue.
- Le **niveau de langue soutenu** : c'est la langue littéraire, qu'on utilise surtout à l'écrit.
  *Ex. : Il **a égaré** sa Poké Ball.*
- Le **niveau de langue courant** : c'est le niveau de langue qu'on utilise le plus souvent, à l'écrit comme à l'oral.
  *Ex. : Il **a perdu** sa Poké Ball.*
- Le **niveau de langue familier** : on ne l'utilise qu'à l'oral, avec ses copains ou sa famille.
  *Ex. : Il **a paumé** sa Poké Ball.*

EXERCICE 1

Colorie la Poké Ball de l'intrus dans chaque ligne.

livre – voiture – travail – pote – maison

ouvrage – demeure – se quereller – résider – bouquin

EXERCICE 2

Complète les phrases en choisissant uniquement des mots du langage courant parmi les mots suivants : se dépêche - bouffe - bouquin - attraper - livre - choper - mange - demeures - se grouille - maisons

a. Ce Dresseur .... pour ne pas être en retard à son entrainement.

b. Il aimerait .... un Évoli.

c. Rongourmand .... une Baie Oran.

d. On trouve de belles .... à Cuencia.

e. Le Pokédex renferme autant d'informations qu'un ....

EXERCICE 3

Complète la grille en trouvant pour chaque mot du langage soutenu le mot correspondant du langage courant. Les lettres des cases en couleurs te permettront de connaitre le nom de ce Pokémon.

1. soulier
2. dérober
3. automobile
4. résider
5. bicyclette
6. effroi

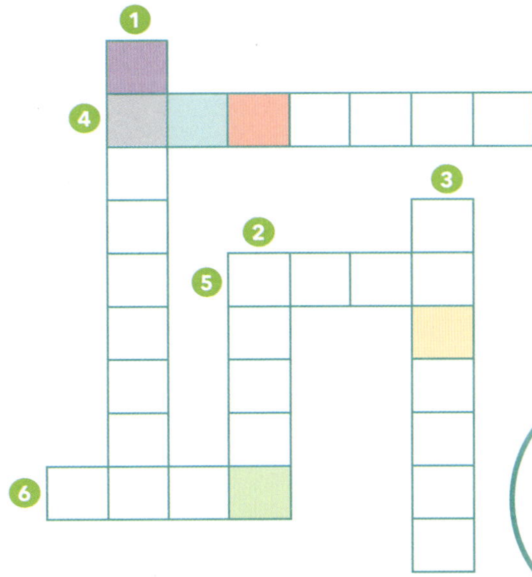

EXERCICE 4

Réécris chaque phrase en remplaçant les mots du langage familier par des mots du langage courant.

a. Après son combat, ce Dresseur est crevé. ....

....

b. À l'Académie Pokémon, les élèves se font plein de potes. ....

....

c. Il a bien pigé la leçon d'aujourd'hui sur les Pokémon de type Eau. ....

....

DICTÉE

Écoute bien les phrases dictées par un adulte avant de les écrire.
Texte p. 44 des corrigés.

....

....

....

En route vers la victoire !

Colorie une Poké Ball à chaque exercice juste !

Le présent

MÉMO

- Le présent des verbes du 1er groupe se construit avec le radical suivi des terminaisons suivantes : **-e**, **-es**, **-e**, **-ons**, **-ez**, **-ent**.
  *Ex. : je gagn**e**, tu gagn**es**, il/elle/on gagn**e**, nous gagn**ons**, vous gagn**ez**, ils/elles gagn**ent***
- Les verbes **être** et **avoir** se conjuguent de la façon suivante :
- Pour les conjugaisons des verbes du 3e groupe **dire**, **faire**, **voir**, **aller**, **venir**, **pouvoir**, **vouloir** et **prendre**, voir les tableaux en début de cahier.

être		avoir	
je	*suis*	*j'*	*ai*
tu	*es*	*tu*	*as*
il/elle/on	*est*	*il/elle/on*	*a*
nous	*sommes*	*nous*	*avons*
vous	*êtes*	*vous*	*avez*
ils/elles	*sont*	*ils/elles*	*ont*

EXERCICE 1

Entoure les verbes conjugués au présent.

Ce jeune Dresseur prend le bateau. Il part découvrir Paldea et espère y voir de nombreux Pokémon. Cette région regorge de Pokémon de tous types. Peut-être aura-t-il l'occasion d'en attraper un. Il pourra alors s'entrainer avec lui pour de futurs combats.

EXERCICE 2

Écris l'infinitif des verbes en bleu.

a. Il va à Paldea pour la première fois.
→ ....

b. Elle veut gagner son combat.
→ ....

c. Les Dresseurs viennent de différentes régions. → ....

d. Pimito peut évoluer. → ....

e. Ils font de grands progrès.
→ ....

EXERCICE 3

Complète les phrases en conjuguant les verbes entre parenthèses au présent.

a. Tu (vouloir) .... devenir un bon Dresseur.

b. Rongourmand et Gourmelet (adorer) .... manger de bonnes Baies.

c. Ces Dresseurs (faire) .... de belles découvertes sur les Pokémon.

d. Vous (être) .... à Paldea.

e. Je (venir) .... dans la Forêt Toastée.

EXERCICE 4

Conjugue les verbes au présent à la personne donnée, puis retrouve-les dans la grille. Les lettres restantes te donneront le nom de ce Pokémon.

G	P	O	U	V	O	N	S
V	I	E	N	N	E	N	T
O	R	I	K	N	O	V	F
Y	D	I	T	E	S	A	O
E	T	V	E	U	T	I	N
Z	P	R	E	N	D	S	T

pouvoir → nous ....

prendre → tu ....

aller → je ....

dire → vous ....

vouloir → elle ....

voir → vous ....

venir → ils ....

faire → elles ....

Son nom est : ....

EXERCICE 5

Réécris les phrases avec le nouveau sujet proposé.

a. Ce Dresseur attrape de nouveaux Pokémon.

→ Ce Dresseur et son ami ....

b. Ils adorent la Barbe à Papa Sucraquante.

→ Nous ....

c. Elles peuvent voir Deusolourdo Forme Triple.

→ Je ....

DICTÉE

Écoute bien le texte dicté par un adulte avant de l'écrire.
Texte p. 45 des corrigés.

....

....

....

Le futur

En route vers la victoire !

Colorie une Poké Ball à chaque exercice juste !

MÉMO

- Pour conjuguer les verbes du 1er groupe au futur, on ajoute les terminaisons suivantes à l'infinitif : **-ai**, **-as**, **-a**, **-ons**, **-ez**, **-ont**.
  *Ex. : je marcher**ai**, tu marcher**as**, il/elle/on marcher**a**, nous marcher**ons**, vous marcher**ez**, ils/elles marcher**ont***
- Les verbes **être** et **avoir** se conjuguent de la façon suivante :

être		avoir	
je	*serai*	*j'*	*aurai*
tu	*seras*	*tu*	*auras*
il/elle/on	*sera*	*il/elle/on*	*aura*
nous	*serons*	*nous*	*aurons*
vous	*serez*	*vous*	*aurez*
ils/elles	*seront*	*ils/elles*	*auront*

- Pour les conjugaisons des verbes du 3e groupe **dire**, **faire**, **voir**, **aller**, **venir**, **pouvoir**, **vouloir** et **prendre**, voir les tableaux en début de cahier.

EXERCICE 1

Colorie les Poké Balls des verbes au futur.

tu vas — ils voudront — il ira

vous serez — nous dirons — je prenais

EXERCICE 2

Complète les phrases par un pronom personnel qui convient.

a. .... admirerai le Mont Nappé.

b. .... pourrons voir un Dofin.

c. .... verrez de nombreux Pokémon.

d. .... viendras à Mesaledo.

e. .... auront de nouveaux amis.

EXERCICE 3

Réécris les phrases en remplaçant le sujet par le pronom proposé.

a. Elle attrapera un Pokémon.

→ Vous ....

b. Tu feras une belle découverte.

→ Ils ....

c. Ce Dresseur ira dans une nouvelle Arène.

→ Nous ....

EXERCICE 4

Complète les conseils que ce Dresseur donne à son Pokémon en conjuguant les verbes entre parenthèses au futur.

a. Tu (lancer) .... Cage-Éclair.

b. Ton adversaire (être) .... paralysé pendant quelques minutes.

c. Nous (avoir) .... alors le temps de lancer une nouvelle attaque.

d. Le Champion d'Arène et son Pokémon (être) .... impressionnés.

e. Le public nous (encourager) .... peut-être.

EXERCICE 5

Réécris les phrases suivantes au futur.

a. Malosse évolue en Démolosse.

→ ....

b. Les Apitrini se regroupent pour dormir.

→ ....

c. Vous allez à l'Arène de Mezclamora.

→ ....

d. Nous voyons un Akwakwak.

→ ....

DICTÉE

Écoute bien le texte dicté par un adulte avant de l'écrire.
Texte p. 45 des corrigés.

....

....

....

En route vers la victoire !

Colorie une Poké Ball à chaque exercice juste !

L'imparfait

MÉMO

- À l'imparfait, tous les verbes ont les mêmes terminaisons : **-ais**, **-ais**, **-ait**, **-ions**, **-iez**, **-aient**.

  *Ex. : je chant**ais**, tu chant**ais**, il/elle/on chant**ait**, nous chant**ions**, vous chant**iez**, ils/elles chant**aient***

- Les verbes **être** et **avoir** se conjuguent de la façon suivante :

être		avoir	
j'	*étais*	*j'*	*avais*
tu	*étais*	*tu*	*avais*
il/elle/on	*était*	*il/elle/on*	*avait*
nous	*étions*	*nous*	*avions*
vous	*étiez*	*vous*	*aviez*
ils/elles	*étaient*	*ils/elles*	*avaient*

- Pour les conjugaisons des verbes du 3ᵉ groupe **dire**, **faire**, **voir**, **aller**, **venir**, **pouvoir**, **vouloir** et **prendre**, voir les tableaux en début de cahier.

EXERCICE 1

Complète les phrases avec le pronom personnel qui convient.

a. .... commencions notre voyage à Paldea.

b. .... découvrait Plato Real et son petit étang.

c. .... complétaient leur Pokédex.

d. .... alliez à la prochaine Arène Pokémon.

EXERCICE 2

Conjugue chaque verbe à l'imparfait à la personne demandée.
Tu liras le nom de ce Pokémon dans la colonne bleue.

pouvoir → nous

prendre → je

voir → vous

aimer → tu

bouger → elle

dire → ils

EXERCICE 3

Complète les phrases en conjuguant à l'imparfait les verbes entre parenthèses.

a. Il (marcher) .... dans les rues de Jarramanca.

b. Ils (déguster) .... de bonnes Baies Pêcha.

c. Cette Dresseuse (utiliser) .... Motorizard pour se rendre à Alforneira.

d. Nous (prendre) .... le temps d'observer les champs d'olives de Sevaro.

e. Vous (être) .... pressés d'arriver à Porto Marinada.

EXERCICE 4

Réécris chaque phrase à l'imparfait.

a. Tu observes un Zapétrel. → ....

b. Il va à l'Académie Pokémon. → ....

c. Nous rangeons les Poké Balls. → ....

d. Elle peut remporter ce combat. → ....

e. Pohm et Dogrino mangent des Baies. → ....

....

DICTÉE

Écoute bien les phrases dictées par un adulte avant de les écrire.
Texte p. 45 des corrigés.

....

....

....

En route vers la victoire !

Colorie une Poké Ball à chaque exercice juste !

Le passé composé

MÉMO

- Le passé composé est formé avec l'auxiliaire (**être** ou **avoir**) conjugué au présent, suivi du participe passé du verbe conjugué.

*Ex. : Hélionceau **a mangé** une Baie Tamato.*
*Hier, il **est allé** à Pinchoria.*

- Les verbes **être** et **avoir** se conjuguent de la façon suivante :

être		avoir	
j'	*ai été*	*j'*	*ai eu*
tu	*as été*	*tu*	*as eu*
il/elle/on	*a été*	*il/elle/on*	*a eu*
nous	*avons été*	*nous*	*avons eu*
vous	*avez été*	*vous*	*avez eu*
ils/elles	*ont été*	*ils/elles*	*ont eu*

EXERCICE 1

Souligne les phrases au passé composé.

- Nous avons encouragé le Champion de l'Arène de Mezclamora.
- Les Tauros vivent en groupe dans la nature.
- Les paysages de Paldea sont magnifiques.
- Cette Dresseuse a attrapé un Tritox.

EXERCICE 2

Relie chaque pronom au bon verbe, puis écris la lettre associée pour connaitre le nom de ce Pokémon.

A	nous •	• as été	.....
P	tu •	• avez aidé	.....
N	ils •	• sommes allés	.....
P	j' •	• ont parlé	.....
H	vous •	• ai eu	.....
Y	elle •	• a chanté	.....

Son nom est : ....

EXERCICE 3

Complète les phrases avec l'un des verbes suivants conjugué au passé composé :
progresser - attraper - évoluer - sauver - avoir

a. Virovent .... en Virevorreur.

b. Superdofin Forme Super .... un être humain.

c. Tu .... un Selutin avec une Super Ball.

d. Ils .... en faisant des combats.

e. Nous .... froid à Frigao.

EXERCICE 4

Complète le tableau en conjuguant les verbes au passé composé.

	gagner	évoluer	jouer
tu	....	....	....
ils	....	....	....
nous	....	....	....
elle	....	....	....

EXERCICE 5

Réécris les phases suivantes au passé composé.

a. Elle observe un Farigiraf. → ....

b. Tu dessines une Poké Ball. → ....

c. Nous voyageons à dos de Montures Pokémon. → ....

....

d. Ils lancent des attaques spectaculaires. → ....

....

DICTÉE

Écoute bien les phrases dictées par un adulte avant de les écrire.

Texte p. 45 des corrigés.

....

....

....

En route vers la victoire !

Colorie une Poké Ball à chaque exercice juste !

L'accord dans le groupe nominal

MÉMO

- Dans le groupe nominal, le déterminant et l'adjectif **s'accordent en genre** (masculin ou féminin) **et en nombre** (singulier ou pluriel) avec le nom.
  Ex. : ***cette*** *Champion**ne** courageu**se*** → féminin singulier
  ce *Pikachu gourmand* → masculin singulier
  les *maison**s** coloré**es*** → féminin pluriel
  ces *Dresseur**s** motivé**s*** → masculin pluriel

- Lorsque deux adjectifs se rapportent à un même nom, ils s'accordent tous les deux avec ce nom.
  Ex. : ***une*** *Baie juteu**se** et appétissant**e*** → féminin singulier

EXERCICE 1

Coche le genre et le nombre de chacun des groupes nominaux suivants.

	féminin	masculin	singulier	pluriel
a. des Arènes différentes	☐	☐	☐	☐
b. un lac profond	☐	☐	☐	☐
c. d'immenses forêts	☐	☐	☐	☐
d. un cratère central	☐	☐	☐	☐
e. de nombreux Centres Pokémon	☐	☐	☐	☐
f. une Championne déterminée	☐	☐	☐	☐
g. un gentil Pokémon	☐	☐	☐	☐

EXERCICE 2

Réécris les phrases en mettant les mots en bleu au pluriel.

a. Les deux Dresseurs ont lancé une attaque combinée.

....

....

b. Elle vit une aventure passionnante à Paldea.

....

....

c. Coiffeton peut nager dans un courant fort.

....

....

EXERCICE 3

Complète en accordant les adjectifs lorsque cela est nécessaire.

a. une histoire étonnant.....

b. des Baies appétissant.....

c. un chemin étroit.....

d. des combats palpitant.....

e. une attaque préféré.....

f. un Pokémon bleu.....

EXERCICE 4

Complète les phrases en accordant les adjectifs entre parenthèses.

a. Plusieurs Pikachu peuvent provoquer des orages (gigantesque) ....

b. Grodoudou a une fourrure (doux et soyeux) ....

c. Les Caninos sont des compagnons (loyal) ....

d. Les victimes d'Ectoplasma ressentent des frissons (interminable) ....

e. Le Tauros de Paldea de la Race Flamboyante possède trois queues (tressé) ....

EXERCICE 5

Réécris les phrases en remplaçant le mot en bleu par le nom entre parenthèses. Fais attention aux changements d'accords.

a. Gourmelet mange des aliments raffinés.
→ *(nourriture)* ....

b. Le corps de Briochien laisse échapper un doux parfum.
→ *(odeur)* ....

c. Ce Tapatoès a un plumage bleu.
→ *(plumes)* ....

d. Paldea est un lieu merveilleux.
→ *(région)* ....

DICTÉE

Écoute bien les phrases dictées par un adulte avant de les écrire.
Texte p. 46 des corrigés.

....

....

....

En route vers la victoire !

Colorie une Poké Ball à chaque exercice juste !

L'accord sujet-verbe

MÉMO

- Le verbe s'accorde toujours en nombre avec le sujet.
  Ex. : ***Scrutella*** *évolue en Mesméralla.*
  Sujet au singulier → verbe au singulier
  Les deux Champions *discutent.*
  Sujet au pluriel → verbe au pluriel
- Lorsque le sujet est formé de plusieurs éléments, le verbe se conjugue au pluriel.
  Ex. : ***Pikachu et Évoli*** *marchent.*
  Le sujet est pluriel → verbe au pluriel
- Lorsque plusieurs verbes ont le même sujet, ils s'accordent **tous** avec le sujet.
  Ex. : ***Les élèves*** *apprennent et progressent à l'Académie Pokémon.*
  Le sujet est au pluriel → les deux verbes sont au pluriel.

EXERCICE 1

Barre le sujet qui ne peut pas compléter la phrase.

a. … voyageons à Paldea. Mes amis et moi – La Championne et toi – Nous

b. … peuvent évoluer deux fois. Ils – Férosinge – Pikachu et Rondoudou

c. … gagnera le combat. Cette Dresseuse – Tu – Il

d. … êtes experts en Pokémon. Tes amis et toi – Vous – Ces Dresseurs

EXERCICE 2

Relie chaque sujet à la bonne fin de phrase.

Nous •	• as attrapé un Vrombi.
Koraidon et Miraidon •	• mangerez de la crème fouettée de Charmilly.
Glaivodo •	• sont deux Pokémon légendaires.
Tu •	• lance Draco-Queue.
Vous •	• allons au Mont Nappé.

EXERCICE 3

Colorie la lettre si l'écriture du verbe est correcte. Les lettres coloriées te permettront de connaitre le nom de ce Pokémon.

M Ces Dresseurs complète leurs Pokédex.

T Toudoudou adore chanter.

Y Teddiursa et Cerfrousse sont de type Normal.

A Métamorph prendras l'apparence d'un autre Pokémon.

V Les élèves marchait vers l'Académie Pokémon.

L Cette Dresseuse et son Pokémon s'arrêteront au prochain Centre Pokémon.

T Lors du dernier combat du Champion, l'Arène était pleine de spectateurs.

O Tu travailleras souvent avec ton cahier.

E Vous irait à Porto Marinada.

N Ils adoraient les Baies Tamato.

Son nom est : ....

EXERCICE 4

Complète les phrases par les verbes suivants conjugués au présent :
lancer - être - pouvoir - adorer

a. Cléopsytra .... un Pokémon Autruche.

b. Les flammes de Charbambin .... atteindre 1 000 °C.

c. Miascarade .... de puissantes attaques.

d. Tu .... tous les Pokémon.

DICTÉE

Réécris les phrases suivantes en corrigeant les fautes. Tu dois en trouver quatre.

Candine es un Pokémon Fruit. Ce Pokémon traversent les forêts en bondissant gaiment. ....

....

Les Mimantis évolue en Floramantis. Les Floramantis sont de type Plante. Ils a beaucoup de travail pour préserver leurs belles couleurs.

....

....

En route vers la victoire !

Colorie une Poké Ball à chaque exercice juste !

Les homophones grammaticaux

MÉMO

• a ou **à** ?

- **a** est le verbe **avoir** conjugué à la 3e personne du singulier au présent. On peut le remplacer par **avait**.
- **à** est une préposition. On ne peut pas la remplacer par **avait**.

*Ex. : Il **a** du courage. → Il **avait** du courage.*

*On trouve une Arène **à** Frigao. → On trouve une Arène ~~**avait**~~ Frigao.*

• est ou **et** ?

- **est** est le verbe **être** conjugué à la 3e personne du singulier au présent. On peut le remplacer par **était**.
- **et** est un mot de liaison. On peut le remplacer par **et puis**.

*Ex. : Il **est** un bon Dresseur. → Il **était** un bon Dresseur.*

*Il a un Terracool **et** un Dodoala. → Il a un Terracool **et puis** un Dodoala.*

• on ou **ont** ?

- **on** est un pronom personnel. On peut le remplacer par **il** ou **elle**.
- **ont** est le verbe **avoir** conjugué à la 3e personne du pluriel au présent. On peut le remplacer par **avaient**.

*Ex. : **On** va au prochain Centre Pokémon. → **Elle** va au prochain Centre Pokémon.*

*Ils **ont** quatre Poké Balls dans leurs sacs. → Ils **avaient** quatre Poké Ball dans leurs sacs.*

• son ou **sont** ?

- **son** est un déterminant. On peut le remplacer par **mon**.
- **sont** est le verbe **être** conjugué à la 3e personne du pluriel au présent. On peut le remplacer par **étaient**.

*Ex. : Il attrape **son** sac. → Il attrape **mon** sac.*

*Pyroli et Aquali **sont** deux évolutions d'Évoli. → Pyroli et Aquali **étaient** deux évolutions d'Évoli.*

EXERCICE 1

Complète les phrases par et ou est.

a. Être un Dresseur, c'.......... super !

b. Cette Championne d'Arène fait de nombreux combats .... voyage beaucoup.

c. Miascarade est un Pokémon de type Plante .... Ténèbres.

d. Pikachu .... gourmand : il a mangé une Baie Sitrus .... une Baie Pêcha.

EXERCICE 2

Complète par a ou à.

a. Les Pokémon peuvent participer .... des courses.

b. Cette Dresseuse .... un lien fort avec son Pokémon.

c. On rencontre de nombreux Pokémon .... Paldea.

d. Un sac .... dos c'est pratique quand on .... des Poké Balls à transporter.

EXERCICE 3

Complète par on ou ont.

a. .... vient de voir un beau combat.

b. Les Pokémon .... parfois besoin d'être soignés dans un Centre Pokémon.

c. Avant, ... prenait Mimiqui pour un fantôme.

d. Les Grimalin .... l'habitude de vivre en groupe.

e. Les Tapatoès .... de belles plumes. .... voit rarement ceux à plumes blanches.

EXERCICE 4

Corrige les erreurs dans le texte suivant.

Minisange et un Pokémon de type Vol. Les femelles peuvent se mettre

....

en colère est donner des coups de bec. Sont évolution est Bleuseille.

....

Bleuseille et un Pokémon très intelligent. Il apprend a se servir des objets

....

qu'il peut tenir dans sont bec ou ses pattes. Il peut évoluer en Corvaillus.

....

Ce Pokémon de double type Vol est Acier à une partie de ses ailes qui s'et transformée en acier.

....

DICTÉE

Écoute bien les phrases dictées par un adulte avant de les écrire.

Texte p. 46 des corrigés.

....

....

....

En route vers la victoire !

Colorie une Poké Ball à chaque exercice juste !

Les nombres jusqu'à 10 000

MÉMO

- 1 **dizaine**, c'est 10 **unités**.
- 1 **centaine**, c'est 100 **unités** ou 10 **dizaines**.
- 1 **millier**, c'est 1 000 **unités** ou 100 **dizaines** ou 10 **centaines**.

milliers	centaines	dizaines	unités
m	c	d	u
3	5	2	8

- Attention à ne pas confondre « chiffre des » et « nombre des ».

*Ex. : Dans 3 528, le **chiffre** des centaines est 5, mais le **nombre** de centaines est 35.*

*3 528 = **35** × **100** + 28.*

- Pour écrire les nombres à partir de 1 000, on utilise le mot **mille**. **Mille** est invariable, il ne prend jamais de **-s**.

Ex. : 3 528 s'écrit trois-mille-cinq-cent-vingt-huit.

EXERCICE 1

Relie chaque décomposition au bon nombre, puis recopie la lettre associée pour connaitre le nom de la Baie qu'a mangée Goinfrex.

T	6 milliers 500 unités	•	• 6 505	......
S	600 + 50 + 5	•	• 6 050	......
S	6 000 + 500 + 5	•	• 6 500	......
I	6 milliers 5 dizaines	•	• 605	......
R	6 centaines 5 unités	•	• 665	......
U	600 + 60 + 5	•	• 655	......

EXERCICE 2

Écris les nombres suivants en chiffres, puis utilise le code pour trouver le nom de ces deux Pokémon.

0	1	2	3	4	5	6	7	8	9
O	X	A	L	E	M	I	Y	P	H

a. trois-mille-six-cent-dix-sept → ....

Ce Pokémon s'appelle : ....

b. huit-mille-quatre-vingt-quinze → ....

Ce Pokémon s'appelle : ....

EXERCICE 3

Colorie la Poké Ball qui contient le bon nombre.

a. 7 milliers, 4 centaines et 2 unités

7420 | 7402 | 7042

b. 3 milliers et 5 dizaines

3500 | 3350 | 3050

c. six-mille-soixante-dix-sept

6077 | 6617 | 6017

d. 1 000 + 800 + 9

1890 | 9009 | 1809

EXERCICE 4

Tu veux en savoir plus sur les Pokémon ? Réponds aux questions sur le nombre 2 843.

2 843

C'est le poids (en kg) de Kokiyas.

Quel est son chiffre des dizaines ? ......

Quel est son chiffre des milliers ? ......

C'est la taille (en m) de Roigada.

Quel est son chiffre des centaines ? ......

C'est le nombre d'évolutions possibles pour Évoli.

Quel est son chiffre des unités ? ......

C'est le nombre de paires de pattes de Lilliterelle.

PROBLÈME

Quel est le numéro de Flamenroule dans le Pokédex des Dresseurs de Paldea ? Lis les indices et trouve le bon nombre.

- Ce nombre ne possède pas de milliers.
- Son chiffre des centaines est le triple de celui des unités.
- Son chiffre des dizaines est supérieur à 5 et est impair.
- La différence entre le chiffre des centaines et celui des dizaines est égal à 2.

....

....

En route vers la victoire !

Colorie une Poké Ball à chaque exercice juste !

Comparer, encadrer, intercaler

MÉMO

- Pour comparer des nombres, on regarde le nombre de chiffres qui les composent : 879 < 2 471
- S'ils ont le même nombre de chiffres, on compare chaque chiffre en partant de la gauche :
  - **4** 520 > **3** 984
  - 1 **5**23 < 1 **7**23
  - 7 8**6**1 > 7 8**2**0
  - 3 84**5** > 3 84**2**

- On peut ranger les nombres :
  - par ordre **croissant** (du plus petit au plus grand) ;
  - par ordre **décroissant** (du plus grand au plus petit).

EXERCICE 1

Entoure à chaque fois le nombre le plus grand pour savoir quels Pokémon ont remporté leur combat.

a. 982 1 021

b. 1 250 1 420

c. 3 685 3 691

d. 5 714 8 006

e. 4 581 4 590

f. 1 240 864

EXERCICE 2

Conduis Pâtachiot jusqu'à la Baie en ne passant que par des nombres compris entre 2 700 et 4 100.

3 584 – 2 840 – 8 100 – 4 020 – 3 242 – 1 150 – 1 985 – 4 150 – 2 990 – 2 690 – 2 645 – 2 537 – 4 000 – 6 960 – 1 530 – 3 064 – 5 001 – 995 – 6 221

EXERCICE 3

Range les nombres suivants dans l'ordre décroissant et recopie les lettres associées pour connaitre le nom de ce Pokémon.

L	A	R	Y	X	U
4915	487	4875	475	4890	4910

.... > .... > .... > .... > .... > ....

(...) (...) (...) (...) (...) (...)

EXERCICE 4

Range les nombres suivants dans l'ordre croissant et recopie les lettres associées pour connaitre le nom de ce Pokémon.

C	A	O	T	O	X
550	5005	5500	5050	555	5555

.... < .... < .... < .... < .... < ....

(...) (...) (...) (...) (...) (...)

PROBLÈME

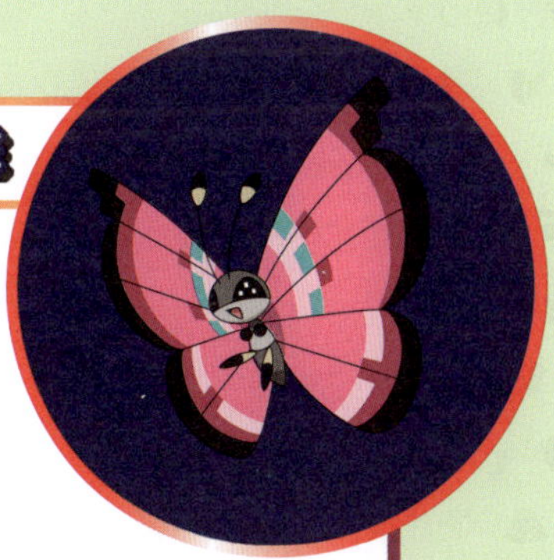

Quatre Dresseurs ramassent des Baies pour leurs Pokémon. Ils récoltent :

- **10 Baies Pêcha ;**
- **5 Baies Oran ;**
- **8 Baies Tamato ;**
- **un nombre de Baies Sitrus compris entre celui de Baies Tamato et celui de Baies Pêcha.**

a. Combien de Baies ont-ils en tout ?

....

b. S'ils se les partagent équitablement, combien chacun en aura-t-il ?

....

En route vers la victoire !

Colorie une Poké Ball à chaque exercice juste !

Calculer rapidement

MÉMO

- Pour calculer rapidement, il faut savoir trouver :
  - le **complément à la dizaine supérieure** d'un nombre ;
    Ex. : Pour aller de 32 à 40, il manque 8.
  - le **complément à 100** ;
    Ex. : Pour aller de 48 à 100, il manque 52.
  - le **complément à 1 000**.
    Ex. : Pour aller de 280 à 1 000, il manque 720.
- Il est aussi indispensable de connaitre par cœur les **tables de multiplication** (voir à la fin du cahier).

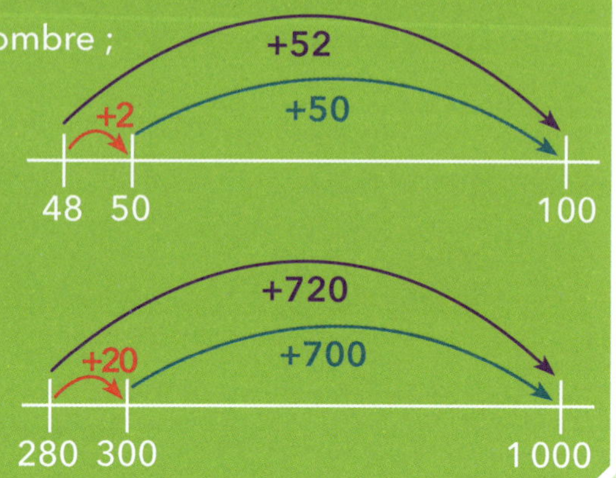

EXERCICE 1

Indique à chaque Dresseur le nombre de Pokémon qu'il manque dans son Pokédex pour qu'il en ait répertorié 100.

a. Le Dresseur A a 28 Pokémon dans son Pokédex. Il lui en manque : ....

b. Le Dresseur B a 41 Pokémon dans son Pokédex. Il lui en manque : ....

c. Le Dresseur C a 73 Pokémon dans son Pokédex. Il lui en manque : ....

d. Le Dresseur D a 36 Pokémon dans son Pokédex. Il lui en manque : ....

EXERCICE 2

Indique à chaque Pokémon où est sa Poké Ball en reliant les compléments à 1 000. Attention aux intrus !

810 • 655 • 530 • 720 • 160 •

• 290 • 840 • 940 • 470 • 190 • 280 • 445 • 345

EXERCICE 3

Colorie les cases en suivant les indications et tu verras apparaitre ce qu'observe Sidérella pour prédire l'avenir.

- Noircis toutes les cases qui comportent un nombre de la table de 9.
- Colorie en jaune les cases qui comportent un nombre de la table de 7 ou de 8.

15	37	83	47	30	9	5	73	3	71	20
50	29	20	23	36	14	27	12	59	25	31
89	25	53	54	8	49	64	72	15	11	4
27	63	45	18	16	35	48	45	90	63	18
81	80	32	21	56	21	24	28	70	42	81
4	90	14	8	42	64	40	7	21	72	67
11	30	72	56	48	28	80	35	27	29	20
20	59	27	16	21	32	24	49	54	15	37
71	36	64	40	54	72	18	14	56	81	50
29	63	35	9	5	30	23	63	16	36	53
12	31	72	50	3	73	20	47	45	29	25

EXERCICE 4

Écris le résultat de chaque multiplication et utilise le code pour savoir quelle énergie se trouve dans les sols de Paldea.

6 × 4 = ... → ......

6 × 3 = ... → ......

2 × 6 = ... → ......

4 × 9 = ... → ......

8 × 8 = ... → ......

3 × 4 = ... → ......

9 × 6 = ... → ......

2 × 8 = ... → ......

8 × 3 = ... → ......

6 × 6 = ... → ......

7 × 5 = ... → ......

36	40	64	43	18	25	45
A	B	C	D	E	F	G
27	30	54	8	20	35	28
G	H	I	J	K	L	M
32	42	48	54	12	16	24
N	O	P	Q	R	S	T
63	61	72	50	55	81	
U	V	W	X	Y	Z	

PROBLÈME

Lors de ses derniers combats, Chochodile a lancé 4 attaques Flammèche et 2 fois plus souvent Chant Canon. Il a également lancé 3 fois plus d'attaques Calcination que d'attaques Flammèche. Combien d'attaques a-t-il lancées en tout ?

....

....

En route vers la victoire !

Colorie une Poké Ball à chaque exercice juste !

L'addition et la soustraction posées

MÉMO

- **L'addition**

```
   m c d u
     (1)
   2 4 5 1
+  5 3 6 7
-----------
   7 8 1 8
```

- On pose l'addition en écrivant les unités sous les unités, les dizaines sous les dizaines, les centaines sous les centaines, les milliers sous les milliers.
- On commence par calculer le nombre d'unités : 1 + 7 = 8.
- On calcule ensuite le nombre de dizaines : 5 + 6 = 11. On écrit 1 et on reporte 1 dans la colonne des centaines : c'est la **retenue**.
- Puis on calcule le nombre de centaines : (1) + 4 + 3 = 8.
- Enfin on calcule le nombre de milliers : 2 + 5 = 7.

- **La soustraction**

- On commence par calculer le nombre d'unités : 8 - 2 = 6.
- On calcule ensuite le nombre de dizaines 2 - 4 n'est pas possible. On ajoute une centaine à 2 et on compense en ajoutant une centaine à 5 442. 12 - 4 = 8.
- Puis on calcule le nombre de centaines : 5 - (4 + 1) = 0.
- Enfin on calcule le nombre de milliers : 8 - 5 = 3.

```
   m c d u
   8 5 ¹2 8
-  5 4₁₊ 4 2
-----------
   3 0 8 6
```

EXERCICE 1

Effectue les additions, puis relie chaque opération à son résultat pour connaitre le nom de ces Pokémon.

1282	3780	5817	3483	5805	1980
+ 3415	+ 2217	+ 1254	+ 3275	+ 2686	+ 4725
....	....	....	....	....	....

1 282 + 3 415 •	3 780 + 2 217 •	5817 + 1 254 •	3 483 + 3 275 •	5 805 + 2 686 •	1 980 + 4 725 •
• 5 997	• 7 071	• 6 758	• 4 697	• 6 705	• 8 491
Kravarech	Olivado	Compagnol	Bacabouh	Courrousinge	Triopikeau

EXERCICE 2

Lequel de ces deux Pokémon remportera son prochain combat ?
Pour le savoir, effectue les soustractions et entoure la différence la plus grande.

$$5478 - 2163 = \dots\dots$$

$$6854 - 3642 = \dots\dots$$

EXERCICE 3

Effectue les soustractions, puis relie chaque Pokémon à la bonne Poké Ball.
Attention aux intrus !

$$2375 - 1148 = \dots\dots$$

$$4925 - 2570 = \dots\dots$$

$$3284 - 1517 = \dots\dots$$

$$8531 - 4258 = \dots\dots$$

1 227 — 1 237 — 2 777 — 1 767 — 2 355 — 4 273 — 4 383

PROBLÈME

Pour arriver jusqu'à l'Arène au sommet du Mont Nappé, un Dresseur doit effectuer 5 412 pas. Il en a déjà fait 2 385, combien de pas lui reste-t-il à marcher ?

....

....

....

En route vers la victoire !

Colorie une Poké Ball à chaque exercice juste !

La multiplication posée

MÉMO

• Retrouve les tables de multiplication à la fin du cahier.

• La multiplication à 1 chiffre

```
  2 11
  1735
×    3
------
  5205
```

- On commence par multiplier les unités : 3 × 5 = 15 → on écrit 5 et on retient 1.
- On multiplie ensuite les dizaines : 3 × 3 = 9. On ajoute la retenue 9 + 1 = 10 → on écrit 0 et on retient 1.
- On multiplie les centaines : 3 × 7 = 21. On ajoute la retenue 21 + 1 = 22 → on écrit 2 et on retient 2.
- On finit par multiplier les milliers : 3 × 1 = 3 et 3 + 2 = 5.

• La multiplication à 2 chiffres

- On commence par multiplier 315 par 3 : 315 × 3 = 945.
- On multiplie ensuite 315 par 20. Pour cela, on place un 0 dans la colonne des unités, puis on multiplie 315 par 2 : 315 × 2 = 630.
- Pour finir, on additionne les résultats des deux lignes : 945 + 6 300 = 7 245.
- N'hésite pas à barrer la retenue après l'avoir comptée pour ne pas la compter deux fois.

```
    1
    1
   315
×   23
------
  1
   945
+ 6300
------
  7245
```

• Multiplier par 10

- Pour multiplier un nombre par 10, on ajoute un zéro à droite du nombre.

Ex. : 82 × 10 = 820   8 × 20 = 8 × 2 × 10 = 16 × 10 = 160

EXERCICE 1

Effectue les multiplications pour connaitre le poids (en kg) de ces Pokémon.

```
  35
×  3
----
......
```

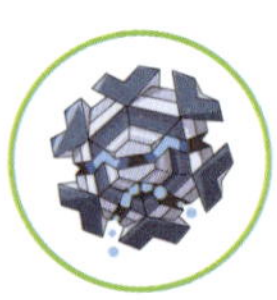

```
  37
×  4
----
......
```

```
  59
×  2
----
......
```

```
  19
×  8
----
......
```

EXERCICE 2

Combien de Cornèbre ce Corboss a-t-il rassemblés d'un simple cri ? Effectue la multiplication pour le savoir.

```
      12
×     11
--------
............
+ .........0
--------
............
```

EXERCICE 3

Effectue les multiplications, puis relie chaque Pokémon à la Baie qu'il a mangée. Attention aux intrus !

$$\begin{array}{r} 45 \\ \times \quad 22 \\ \hline \end{array}$$

$$\begin{array}{r} 157 \\ \times \quad 36 \\ \hline \end{array}$$

$$\begin{array}{r} 291 \\ \times \quad 25 \\ \hline \end{array}$$

$$\begin{array}{r} 105 \\ \times \quad 42 \\ \hline \end{array}$$

4410

4662

990

5652

7275

6275

4200

CALCUL MENTAL

Effectue ces multiplications de tête pour compléter le code, puis trouve le nom de ce Pokémon.

R : 15 × 10 = ...
T : 9 × 20 = ...
M : 6 × 20 = ...
O : 7 × 20 = ...
E : 8 × 20 = ...
A : 10 × 17 = ...
H : 10 × 13 = ...
P : 20 × 10 = ...

200	140	130	120	170	150	120	140	180	180	160
......	......	......	......	......	......	......	......	......	......	......

PROBLÈME

Un Dresseur a effectué 21 combats chaque mois pendant une année entière. Combien de combats a-t-il effectués en tout ?

....

....

....

En route vers la victoire !

Colorie une Poké Ball à chaque exercice juste !

Les longueurs

MÉMO

- L'unité de mesure des longueurs est le **mètre** (m) : **1 m = 100 cm**
- On utilise aussi des unités plus grandes ou plus petites.
  - 1 km = 1 000 m
  - 1 m = 10 dm
  - 1 m = 100 cm
  - 1 m = 1 000 mm
  - 1 dm = 10 cm
  - 1 cm = 10 mm

multiples			unité	sous-multiples		
kilo	hecto	déca		déci	centi	milli
km	hm	dam	m	dm	cm	mm
1	0	0	0			
			1	0		
			1	0	0	
			1	0	0	0
				1	0	
					1	0

EXERCICE 1

Trace les segments demandés.

a. Un segment de 10 cm.
C'est la taille de Mordudor Forme Marche !

b. Un segment de 4 cm.
C'est environ la taille d'une Baie Pêcha.

EXERCICE 2

Mesure chaque segment de la ligne brisée, puis additionne-les pour connaitre la taille d'Anchwatt.

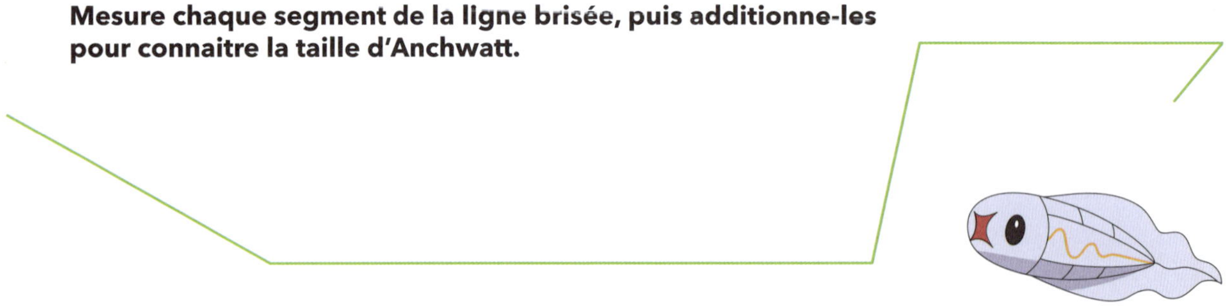

Anchatt mesure : ....

EXERCICE 3

Convertis la taille de ces Pokémon dans l'unité demandée. Aide-toi du tableau.

50 cm
→ .... mm

1 m
→ .... cm

2 m 20 cm
→ .... cm

170 cm
→ .... m .... cm

200 cm
→ .... m

3 dm
→ .... cm

EXERCICE 4

Convertis toutes les distances en mètres, puis lis les indices pour relier chaque Pokémon à la distance qu'il a parcourue.

2 km = ... m

960 dm = ... m

1 km 500 m = ... m

Coupenotte a parcouru la plus petite distance et Flambusard la plus grande. Bourrinos a marché plus que Givrali.

	Coupenotte •	• 960 dm
	Bourrinos •	• 1 km 500 m
	Givrali •	• 2 km
	Flambusard •	• 1 200 m

PROBLÈME

Pour se rendre à l'Académie Pokémon, une Dresseuse a marché 850 m, a fait une pause, puis a marché de nouveau 150 m. Le soir, elle a effectué le même trajet pour rentrer chez elle.

Calcule la longueur de son trajet aller-retour en mètres, puis en kilomètres.

....

....

MATHS

Les masses

En route vers la victoire !

Colorie une Poké Ball à chaque exercice juste !

MÉMO

- L'unité de mesure des masses est le **gramme** (g).
- On utilise également des unités plus grandes : le **kilogramme** (kg) et la **tonne** (t).
  1 kg = 1 000 g
  1 t = 1 000 kg

EXERCICE 1

Colorie la bonne unité de mesure.

g | t

g | kg

kg | t

EXERCICE 2

Range ces masses de la plus lourde à la plus légère, puis recopie les lettres associées pour connaitre le nom de ce Pokémon.

R	R	G	T	O	E
3 000 kg	912 g	4 t	475 g	450 kg	750 g

....

Son nom est : ....

EXERCICE 3

Pour connaitre les noms de ces Pokémon, relie les masses qui sont égales.

1 kg •	1 t •	2 kg •	3 t •
• 1 000 kg	• 2 000 g	• 1 000 g	• 3 000 kg
Ohmassacre	Vorastérie	Fragilady	Quatermac

EXERCICE 4

Effectue les conversions demandées.

8 000 g
→ .... kg

4 kg
→ .... g

6 kg 100 g
→ .... g

6 000 g
→ .... kg

6 kg 500 g
→ .... g

9 800 g
→ .... kg .... g

4 100 g
→ .... kg .... g

3 kg
→ .... g

EXERCICE 5

Calcule la masse totale des Pokémon.
Donne la réponse en grammes,
puis en kilogrammes.

....

....

....

500 g

900 g

800 g

700 g

100 g

PROBLÈME

Hippodocus et Balbalèze pèsent 1 tonne à eux deux. Sachant qu'Hippodocus pèse 300 kg, combien Balbalèze pèse-t-il (en kg) ?

....

....

....

En route vers la victoire !

Colorie une Poké Ball à chaque exercice juste !

Les durées

MÉMO

- Pour mesurer des durées, on utilise différentes unités.
  - 1 siècle = 100 ans
  - 1 an = 365 jours ou 366 jours (tous les 4 ans, l'année est bissextile : on ajoute 1 jour au mois de février)
  - 1 an = 52 semaines
  - 1 an = 12 mois
  - 1 jour = 24 heures (24 h)
  - 1 heure = 60 minutes (60 min)
  - 1 minute = 60 secondes (60 s)

- Sur une horloge, la **petite aiguille** indique les heures et la **grande** les minutes.
  Pour lire les heures de l'après-midi, on ajoute 12 aux heures du matin.
  Ex. : L'horloge ci-dessus indique 2 h (matin) ou 14 h (2 + 12) (après-midi).

EXERCICE 1

Plusieurs combats vont avoir lieu ce matin dans l'Arène d'Alforneira.
Écris les heures auxquels ils sont prévus.

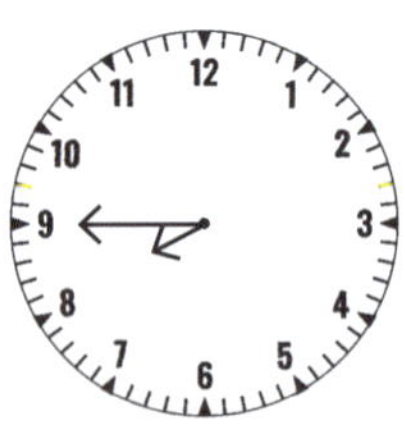
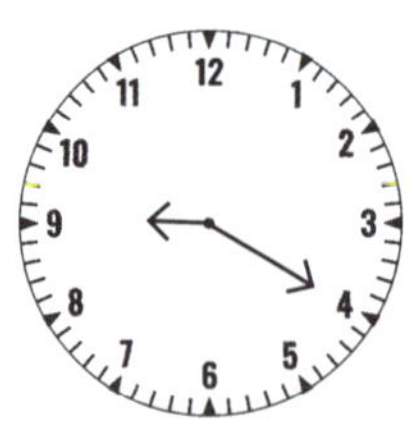

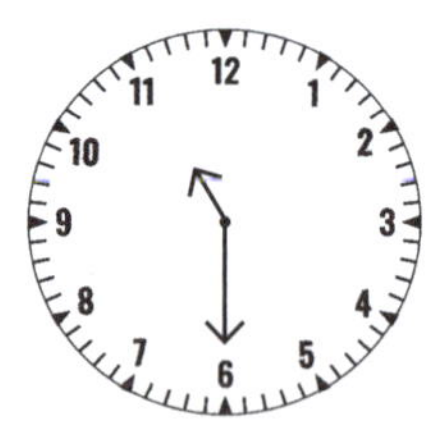

a. .... b. .... c. .... d. ....

EXERCICE 2

Indique à chaque Dresseur l'heure à laquelle il doit se rendre à son entrainement en dessinant les aiguilles sur les horloges.

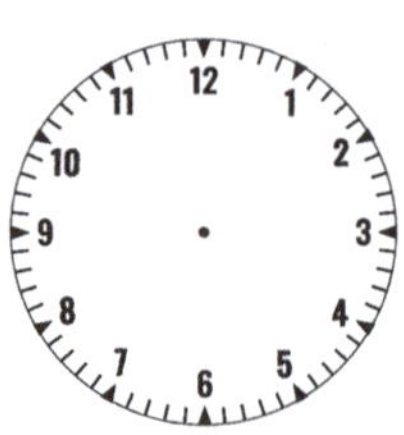
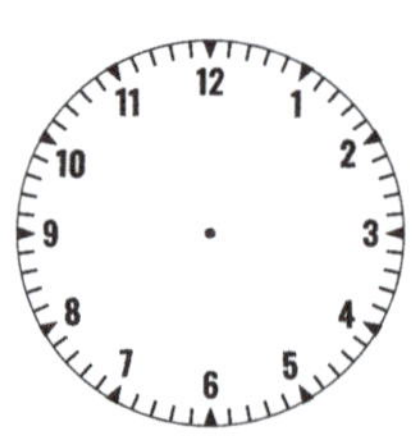
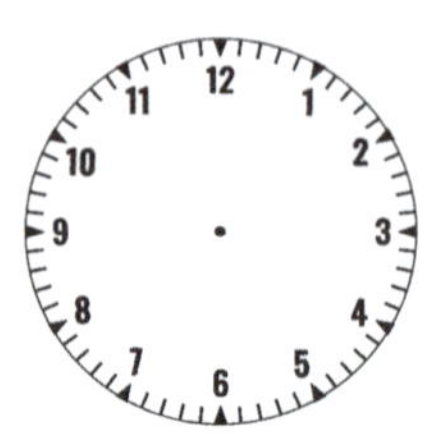

Dresseur 1 : 10 h 45 Dresseur 2 : 14 h 30 Dresseur 3 : 17 h 15

EXERCICE 3

Colorie de la même couleur les durées égales. Attention aux intrus !

2 siècles | 1 jour | 12 h | 3 h | 120 s

180 s | 120 min | 200 ans

24 h | 2 h | 2 min

EXERCICE 4

Convertis les durées des derniers combats ayant eu lieu dans l'Arène de Jarramanca en heures et en minutes.

Combat 1 → 70 min = ... h .... min

Combat 2 → 90 min = ... h .... min

Combat 3 → 120 min = ... h .... min

Combat 4 → 150 min = ... h .... min

PROBLÈME

a. Dracolosse a commencé son vol à 3 h du matin. À 19 h, il avait fait le tour du monde. Quelle durée a-t-il mis pour faire ce trajet ?

....

....

b. Cela fait trois jours que Flotillon poursuit celui qui lui a volé sa Baie Sitrus. Depuis combien d'heures le poursuit-il ?

....

....

Tracer des figures

En route vers la victoire !

Colorie une Poké Ball à chaque exercice juste !

MÉMO

- Avant de tracer une figure, il faut d'abord bien connaitre ses propriétés : la longueur de ses côtés, si elle possède des angles droits…

  Ex. : Un carré a 4 côtés de même longueur et 4 angles droits.

- On utilise les bons instruments :
  - la **règle graduée** pour tracer des côtés, mesurer des longueurs ;
  - l'**équerre** pour tracer des angles droits ;
  - le **compas** pour reporter des longueurs ou tracer des cercles.

EXERCICE 1

Utilise le quadrillage pour reproduire l'hexagone rouge, comme celui que tu peux voir sur Chartor.

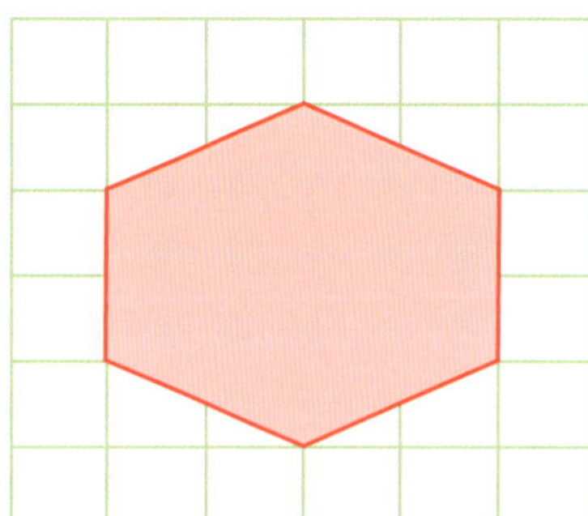

EXERCICE 2

Continue la figure pour obtenir le même motif que les yeux de Ténéfix.

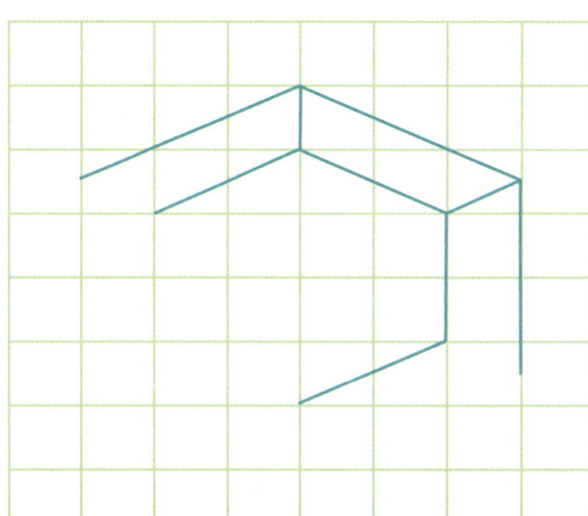

EXERCICE 3

Le dos de Crocogril est orné de rectangles jaunes. À ton tour de tracer un rectangle de largeur 3 cm et de longueur 5 cm.

EXERCICE 4

Trace un cercle de 3 cm de rayon, puis colorie-le en jaune comme la pièce que tient Mordudor.

PROBLÈME

Sur Spiritomb, tu peux voir des motifs avec deux cercles qui ont le même centre. Suis le programme de construction suivant pour reproduire ce motif.

- Trace un cercle de centre A et de rayon 2 cm.
- Colorie-le en jaune.
- Trace un cercle de centre A et de diamètre 6 cm.
- Colorie la couronne entre les deux cercles en vert.

× A

Tableaux et graphiques

En route vers la victoire !

Colorie une Poké Ball à chaque exercice juste !

MÉMO

- Un **tableau** permet de regrouper des informations et de les classer. Il comporte des **lignes** (horizontales) et des **colonnes** (verticales).

Ex. : Horaires des bus pour l'Académie Pokémon

Bus \ Arrêt	Arrêt 1	Arrêt 2	Arrêt 3
Bus A	8 h 05	8 h 12	8 h 21
Bus B	8 h 10	8 h 16	8 h 22
Bus C	8 h 02	8 h 13	8 h 19

Le bus B s'arrête à 8 h 16 à l'arrêt 2.

- Un **graphique** permet de lire facilement des informations et de les comparer.

Ex. : Le tableau ci-contre montre le nombre de Pokémon attrapés par un Dresseur la semaine dernière.

Le deuxième jour, ce Dresseur a attrapé 4 Pokémon.

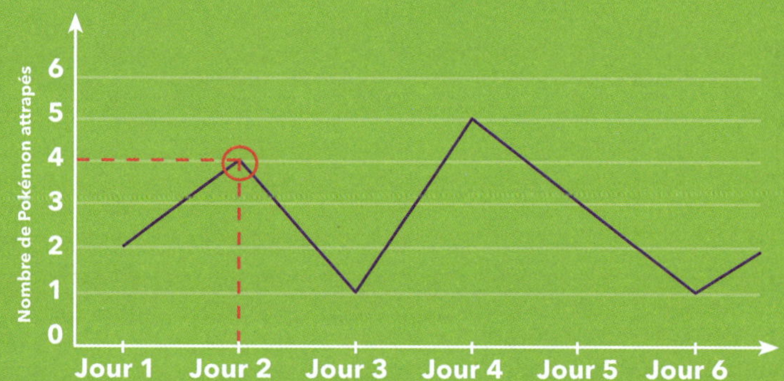

EXERCICE 1

Ce graphique représente l'évolution du nombre de Pokémon enregistrés dans le Pokédex d'une Dresseuse pendant une semaine.

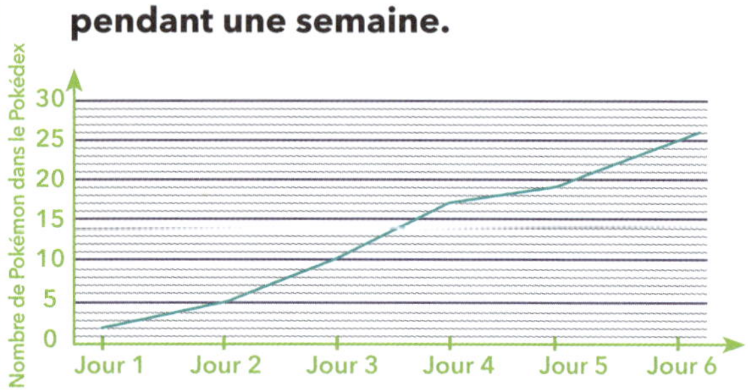

a. Combien y a-t-il de Pokémon enregistrés le 2e jour ? ....

b. À partir de quel jour la Dresseuse a-t-elle plus de 15 Pokémon dans son Pokédex ?
....

c. Combien de Pokémon sont enregistrés dans son Pokédex le 5e jour ? ....

EXERCICE 2

On a représenté dans ce graphique les Baies mangées par Rongourmand en une journée. Observe-le, puis réponds aux questions.

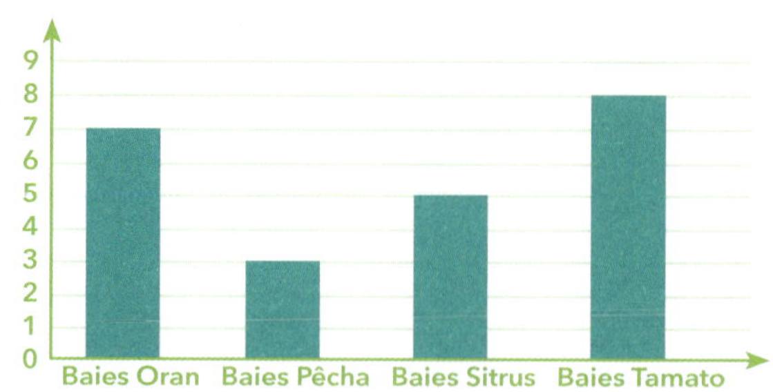

a. Quelles Baies Rougourmand a-t-il le plus mangées ? ....

b. Combien de Baies Pêcha a-t-il mangées ?
....

c. Combien de Baies a-t-il mangées en tout ?
....

EXERCICE 3

Le tableau suivant indique les horaires des combats qui auront lieu aujourd'hui dans différentes Arènes. Observe-le, puis réponds aux questions.

	Arène de Frigoa	Arène de Sevaro	Arène de Cuencia	Arène d'Alforneira	Arène de Mezclamora
Combat 1	10 h 30	9 h 00	9 h 45	11 h 15	10 h 15
Combat 2	15 h 50	11 h 30	11 h 00	14 h 45	12 h 00
Combat 3	17 h 00	15 h 00	14 h 30	16 h 30	15 h 20

a. À quelle heure a lieu le deuxième combat dans l'Arène d'Alforneira ? ....

b. Dans quelle Arène a lieu le premier combat de la journée ? ....

c. Dans quelle Arène peut-on assister à un combat à 15 h 20 ? ....

d. À quelle heure le dernier combat de l'Arène de Cuencia débute-t-il ? ....

EXERCICE 4

Le tableau suivant répertorie le nombre de Pokémon attrapés par deux Dresseurs selon leur type. Observe-le, puis réponds aux questions.

Dresseur \ Type	Eau	Fée	Normal	Feu	Plante	Spectre	Psy
Dresseur 1	2	0	4	3	7	1	2
Dresseur 2	4	1	2	7	2	2	3

a. Combien de Pokémon de type Normal le Dresseur 1 a-t-il attrapés ? ....

b. Quel Dresseur a attrapé le plus de Pokémon de type Eau ? ....

c. Combien de Pokémon de type Feu les deux Dresseurs ont-ils attrapés en tout ? ....

d. Quel type de Pokémon le Dresseur 2 a-t-il le moins attrapé ? ....

PROBLÈME

Le graphique suivant indique les attaques utilisées par Forgella lors de ses derniers combats. Quel type d'attaque a-t-elle le plus utilisé (Fée ou Normal) ?

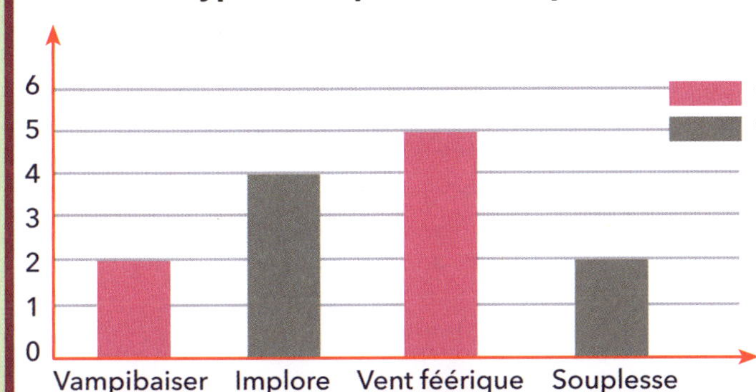

....

....

CORRIGÉS

Pages 4 à 17

Remarque : Dans l'univers des Pokémon, certains noms communs s'écrivent avec des majuscules (Dresseur, Baie, Arène, Champion…), ce n'est habituellement pas le cas en français. N'hésitez pas à expliquer cette différence à votre enfant.

LES TYPES ET FORMES DE PHRASES .. PAGES 4-5

EXERCICE 1
a. interrogative. b. impérative. c. déclarative.
d. interrogative. e. déclarative.

EXERCICE 2
a. Dépêchez-vous avant que le combat commence !
b. Où se trouve le Centre Pokémon ?
c. Canarbello et Oyacata sont tous les deux de type Eau.
d. Quelle est l'évolution de Terracool ?

EXERCICE 3
a. Le combat n'est pas terminé.
b. Flabébé n'aime pas les fleurs rouges.
c. Têtampoule n'est pas de type Eau.

EXERCICE 4
a. 3. b. phrases déclaratives. c. Il n'aime pas être seul.

DICTÉE
Voltorbe est un Pokémon Balle.
Où Poussacha fait-il la sieste ?
Vole, Dracolosse !

LES DÉTERMINANTS .... PAGES 6-7

EXERCICE 1
a. Évoli est le Pokémon qui possède le plus d'évolutions à ce jour.
b. Akwakwak nage dans les eaux des lacs.
c. Magnéti se déplace en flottant dans les airs.
d. La laine de Wattouat tombe l'été.

EXERCICE 2
des voyages – l'entrainement – les amis – un combat – le Professeur – une victoire – l'attaque – la Poké Ball – des évolutions

EXERCICE 3
a. Une énorme carapace protège le corps de Foretress.
b. Méditikka mange une Baie par jour.
c. Avaltout est capable d'avaler un pneu entier.
d. Camérupt vit dans les cratères des volcans.

EXERCICE 4
a. Miaouss est fasciné par les objets brillants.
b. Magnéti se déplace dans l'air.
c. Les rayons du soleil donne de l'énergie à Héliatronc.
d. La nuit, le bout de la queue de Pharamp brille.
e. Simularbre prend l'apparence d'un arbre pour éviter les attaques, mais il déteste l'eau et la pluie.

EXERCICE 5
Cacturne vit dans les déserts.
Mustéflott, lui, vit souvent près des ports de pêche.
Mascaïman vit dans les sables des déserts qui le réchauffent et le cachent à la fois.

Lorsque Rondoudou se gonfle, il peut chanter une berceuse.

Articles définis	Articles indéfinis
les, les , la	des, des, une

DICTÉE
les villes, des couleurs, un panier, des chemins, la musique, des grottes, une amie, le soir, la journée

LES NIVEAUX DE LANGUE .... PAGES 8-9

EXERCICE 1
Colorier : pote (familier) – bouquin (familier).

EXERCICE 2
a. Ce Dresseur se dépêche pour ne pas être en retard à son entrainement.
b. Il aimerait attraper un Évoli.
c. Rongourmand mange une Baie Oran.
d. On trouve de belles maisons à Cuencia.
e. Le Podédex renferme autant d'informations qu'un livre.

EXERCICE 3

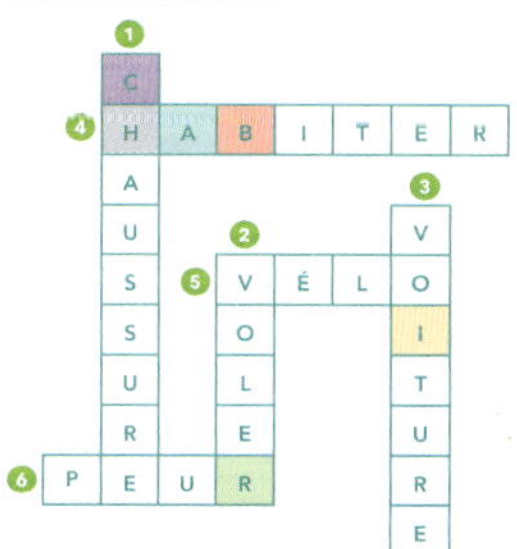

Son nom est : BARBICHA

EXERCICE 4
a. Après son combat, ce Dresseur est fatigué.
b. À l'Académie Pokémon, les élèves se font plein de copains (ou d'amis).
c. Il a bien compris la leçon d'aujourd'hui sur les Pokémon de type Eau.

DICTÉE
Il arrive devant chez lui. Il réside dans une belle demeure. Soudain, un bruit le surprend. Une ombre plane au-dessus des nuages. C'est peut-être un Pokémon.

LE PRÉSENT .... PAGES 10-11

EXERCICE 1
Entourer : prend – part – espère – regorge.

EXERCICE 2
a. aller. b. vouloir. c. venir. d. pouvoir. e. faire.

EXERCICE 3
a. Tu veux devenir un bon Dresseur.
b. Rongourmand et Gourmelet adorent manger de bonnes Baies.
b. Ces Dresseurs font de belles découvertes sur les Pokémon.
c. Vous êtes à Paldea.
d. Je viens dans la Forêt Toastée.

EXERCICE 4

pouvoir → nous pouvons
prendre → tu prends
aller → je vais
dire → vous dites
vouloir → elle veut
venir → ils viennent
voir → vous voyez
faire → elles font

G	P	O	U	V	O	N	S
V	I	E	N	N	E	N	T
O	R	I	K	N	O	V	F
Y	D	I	T	E	S	A	O
E	T	V	E	U	T	I	N
Z	P	R	E	N	D	S	T

Son nom est : GRIKNOT

EXERCICE 5

a. Ce Dresseur et son ami attrapent de nouveaux Pokémon.
b. Nous adorons la Barbe à Papa Sucraquante.
c. Je peux voir Deusolourdo Forme Triple.

DICTÉE

Une jeune fille avance dans la rue. Elle voit un Pokémon. Elle prend une Poké Ball dans sa main et la lance. Elle attrape le Pokémon. Elle a maintenant un nouveau compagnon.

LE FUTUR .... PAGES 12-13

EXERCICE 1

Colorier : ils voudront – vous serez – nous dirons – il ira.

EXERCICE 2

a. J'admirerai le Mont Nappé.
b. Nous pourrons voir un Dofin.
c. Vous verrez de nombreux Pokémon.
d. Tu viendras à Mesaledo.
e. Ils (ou Elles) auront de nouveaux amis.

EXERCICE 3

a. Vous attraperez un Pokémon.
b. Ils feront une belle découverte.
c. Nous irons dans une nouvelle Arène.

EXERCICE 4

a. Tu lanceras Cage-Éclair.
b. Ton adversaire sera paralysé pendant quelques minutes.
c. Nous aurons alors le temps de lancer une nouvelle attaque.
d. Le Champion d'Arène et son Pokémon seront impressionnés.
e. Le public nous encouragera peut-être.

EXERCICE 5

a. Malosse évoluera en Démolosse.
b. Les Apitrini se regrouperont pour dormir.
c. Vous irez à l'Arène de Mezclamora.
d. Nous verrons un Akwakwak.

DICTÉE

Un jour, ce garçon sera un grand Champion d'Arène. Il voyagera dans plusieurs régions. Il verra les paysages de Paldea et rencontrera de grands Dresseurs. Ils seront impressionnés par son courage.

L'IMPARFAIT .... PAGES 14-15

EXERCICE 1

a. Nous commencions notre voyage à Paldea.
b. Il (ou Elle ou On) découvrait Plato Real et son petit étang.
c. Ils (ou Elles) complétaient leur Pokédex.
d. Vous alliez à la prochaine Arène Pokémon.

EXERCICE 2

pouvoir → nous	P	O	U	V	I	O	N	S	
prendre → je	P	R	E	N	A	I	S		
voir → vous	V	O	Y	I	E	Z			
aimer → tu	A	I	M	A	I	S			
bouger → elle	B	O	U	G	E	A	I	T	
dire → ils	D	I	S	A	I	E	N	T	

Son nom est : VROMBI

EXERCICE 3

a. Il marchait dans les rues de Jarramanca.
b. Ils dégustaient de bonnes Baies Pêcha.
c. Cette Dresseuse utilisait Motorizard pour se rendre à Alforneira.
d. Nous prenions le temps d'observer les champs d'olives de Sevaro.
e. Vous étiez pressés d'arriver à Porto Marinada.

EXERCICE 4

a. Tu observais un Zapétrel.
b. Il allait à l'Académie Pokémon.
c. Nous rangions les Poké Balls.
d. Elle pouvait remporter ce combat.
e. Pohm et Dogrino mangeaient des Baies.

DICTÉE

La fin du combat était proche. Tu admirais Pohm. Nous voulions connaitre toutes les évolutions d'Évoli. Les Dresseurs étaient courageux.
Remarque : Pohm et Évoli sont à épeler.

LE PASSÉ COMPOSÉ .... PAGES 16-17

EXERCICE 1

Souligner : Nous avons encouragé le Champion de l'Arène de Mezclamora. Cette Dresseuse a attrapé un Tritox.

EXERCICE 2

tu as été – vous avez aidé – nous sommes allés – ils ont parlé – j'ai eu – elle a chanté
Son nom est : PHANPY

EXERCICE 3

a. Virovent a évolué en Virevorreur.
b. Superdofin Forme Super a sauvé un être humain.
c. Tu as attrapé un Selutin avec une Super Ball.
d. Ils ont progressé en faisant des combats.
e. Nous avons eu froid à Frigao.

EXERCICE 4

	gagner	évoluer	jouer
tu	as gagné	as évolué	as joué
ils	ont gagné	ont évolué	ont joué
nous	avons gagné	avons évolué	avons joué
elle	a gagné	a évolué	a joué

EXERCICE 5

a. Elle a observé un Farigiraf.
b. Tu as dessiné une Poké Ball.
c. Nous avons voyagé à dos de Montures Pokémon.
d. Ils ont lancé des attaques spectaculaires.

DICTÉE

Tu as progressé avec ton cahier. Nous avons eu de la chance de voir un Pokémon rare. Elles ont été dans un Centre Pokémon. Vous avez parlé à un Professeur Pokémon. J'ai entendu le chant de Rondoudou.
Remarque : Rondoudou est à épeler.

CORRIGÉS

Pages 18 à 33

L'ACCORD DANS LE GROUPE NOMINAL PAGES 18-19

EXERCICE 1
a. féminin pluriel. b. masculin singulier. c. féminin pluriel.
d. masculin singulier. e. masculin pluriel. f. féminin singulier.
g. masculin singulier.

EXERCICE 2
a. Les deux Dresseurs ont lancé des attaques combinées.
b. Elle vit des aventures passionnantes à Paldea.
c. Coiffeton peut nager dans des courants forts.

EXERCICE 3
a. une histoire étonnante. b. des Baies appétissantes.
c. un chemin étroit. d. des combats palpitants.
e. une attaque préférée. f. un Pokémon bleu.

EXERCICE 4
a. Plusieurs Pikachu peuvent provoquer des orages gigantesques.
b. Grodoudou a une fourrure douce et soyeuse.
c. Les Caninos sont des compagnons loyaux.
d. Les victimes d'Ectoplasma ressentent des frissons interminables.
e. Le Tauros de Paldea de la Race Flamboyante possède trois queues tressées.

EXERCICE 5
a. Gourmelet mange de la nourriture raffinée.
b. Le corps de Briochien laisse échapper une douce odeur.
c. Ce Tapatoès a des plumes bleues.
d. Paldea est une région merveilleuse.

DICTÉE
Florges crée des jardins fleuris. Pichu lance des décharges électriques. Paldea est une grande région. Certains Tapatoès ont des plumes jaunes. Il aime se promener sur ses chemins préférés.
Remarque : Florges, Pichu et Tapatoès sont à épeler-

L'ACCORD SUJET-VERBE PAGES 20-21

EXERCICE 1
Barrer : a. La Championne et toi. b. Férosinge.
c. Tu. d. Ces Dresseurs.

EXERCICE 2
Nous allons au Mont Nappé.
Koraidon et Miraidon sont deux Pokémon légendaires.
Glaivodo lance Draco-Queue.
Tu as attrapé un Vrombi.
Vous mangerez de la crème fouettée de Charmilly.

EXERCICE 3
Colorier : les lettres T, Y, L, T, O, N.
Son nom est : TYLTON

EXERCICE 4
a. Cléopsytra est un Pokémon Autruche.
b. Les flammes de Charbambin peuvent atteindre 1 000 °C.
c. Miascarade lance de puissantes attaques.
d. Tu adores tous les Pokémon.

DICTÉE
Candine est un Pokémon Fruit. Ce Pokémon traverse les forêts en bondissant gaiment. Les Mimantis évoluent en Floramantis. Les Floramantis sont de type Plante. Ils ont beaucoup de travail pour préserver leurs belles couleurs.

LES HOMOPHONES GRAMMATICAUX PAGES 22-23

EXERCICE 1
a. Être un Dresseur, c'est super !
b. Cette Championne d'Arène fait de nombreux combats et voyage beaucoup.
c. Miascarade est un Pokémon de type Plante et Ténèbres.
d. Pikachu est gourmand : il a mangé une Baie Sitrus et une Baie Pêcha.

EXERCICE 2
a. Les Pokémon peuvent participer à des courses.
b. Cette Dresseuse a un lien fort avec son Pokémon.
c. On rencontre de nombreux Pokémon à Paldea.
d. Un sac à dos c'est pratique quand on a des Poké Balls à transporter.

EXERCICE 3
a. On vient de voir un beau combat.
b. Les Pokémon ont parfois besoin d'être soignés dans un Centre Pokémon.
c. Avant, on prenait Mimiqui pour un fantôme.
d. Les Grimalin ont l'habitude de vivre en groupe.
e. Les Tapatoès ont de belles plumes. On voit rarement ceux à plumes blanches.

EXERCICE 4
Minisange est un Pokémon de type Vol. Les femelles peuvent se mettre en colère et donner des coups de bec. Son évolution est Bleuseille. Bleuseille est un Pokémon très intelligent. Il apprend à se servir des objets qu'il peut tenir dans son bec ou ses pattes. Il peut évoluer en Corvaillus. Ce Pokémon de double type Vol et Acier a une partie de ses ailes qui s'est transformée en acier.

DICTÉE
Ce Dresseur et son Pokémon ont du courage. On a vu un Pikachu à Paldea. Elle est heureuse de voir Évoli. Les élèves de l'Académie Pokémon sont nombreux.
Remarque : Pikachu et Évoli sont à épeler.

LES NOMBRES JUSQU'À 10 000 PAGES 24-25

EXERCICE 1
6 000 + 500 + 5 → 6 505
6 milliers 5 dizaines → 6 050
6 milliers 500 unités → 6 500
6 centaines 5 unités → 605
600 + 60 + 5 → 665
600 + 50 + 5 → 655
Son nom est : SITRUS

EXERCICE 2

a. trois-mille-six-cent-dix-sept → 3 617

Ce Pokémon s'appelle : LIXY

b. huit-mille-quatre-vingt-quinze → 8 095

Ce Pokémon s'appelle : POHM

EXERCICE 3

a. 7 402. b. 3 050. c. 6 077. d. 1 809.

EXERCICE 4

Son chiffre des milliers : 2

Son chiffre des centaines : 8

Son chiffre des dizaines : 4

Son chiffre des unités : 3

PROBLÈME

973

COMPARER, ENCADRER, INTERCALER PAGES 26-27

EXERCICE 1

Entourer : a. 1 021. b. 1 420. c. 3 691. d. 8 006. e. 4 590. f. 1 240.

EXERCICE 2

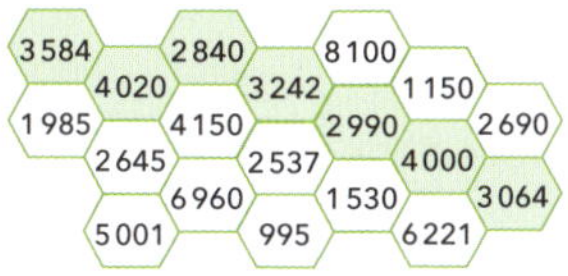

EXERCICE 3

4 915 > 4 910 > 4 890 > 4 875 > 487 > 475

Son nom est : LUXRAY

EXERCICE 4

550 < 555 < 5 005 < 5 050 < 5 500 < 5 555

Son nom est : COATOX

PROBLÈME

a. Un nombre de Baies Sitrus compris entre celui de Baies Tamato et celui de Baies Pêcha = 9 Baies Sitrus

10 + 5 + 8 + 9 = 32 → Ils ont 32 Baies en tout.

b. 32 = 4 × 8 → Chacun aura 8 Baies.

CALCULER RAPIDEMENT PAGES 28-29

EXERCICE 1

a. Le Dresseur A a 28 Pokémon dans son Pokédex.
Il lui en manque : 72.

b. Le Dresseur B a 41 Pokémon dans son Pokédex.
Il lui en manque : 59.

c. Le Dresseur C a 73 Pokémon dans son Pokédex.
Il lui en manque : 27.

d. Le Dresseur D a 36 Pokémon dans son Pokédex.
Il lui en manque : 64.

EXERCICE 2

Le complément à 1 000 de 810 est 190.

Le complément à 1 000 de 655 est 345.

Le complément à 1 000 de 530 est 470.

Le complément à 1 000 de 720 est 280.

Le complément à 1 000 de 160 est 840.

EXERCICE 3

15	37	83	47	30	9	5	73	3	71	20
50	29	20	23	36	14	27	12	59	25	31
89	25	53	54	8	49	64	72	15	11	4
27	63	45	18	16	35	48	45	90	63	18
81	80	32	21	56	21	24	28	70	42	81
4	90	14	8	42	64	40	7	21	72	67
11	30	72	56	48	28	80	35	27	29	20
20	59	27	16	21	32	24	49	54	15	37
71	36	64	40	54	72	18	14	56	81	50
29	63	35	9	5	30	23	63	16	36	53
12	31	72	50	3	73	20	47	45	29	25

EXERCICE 4

6 × 4 = 24 → T
6 × 3 = 18 → É
2 × 6 = 12 → R
4 × 9 = 36 → A
8 × 8 = 64 → C
3 × 4 = 12 → R
9 × 6 = 54 → I
2 × 8 = 16 → S
8 × 3 = 24 → T
6 × 6 = 36 → A
7 × 5 = 35 → L

Son nom est : TÉRACRISTAL

PROBLÈME

Chochodile a lancé : 4 attaques Flammèche

2 fois plus souvent Chant Canon = 2 × 4 = 8 attaques Chant Canon

3 fois plus d'attaques Calcination que d'attaques Flammèche = 3 × 4 = 12 attaques Calcination

4 + 8 + 12 = 24 → Chochodile a lancé 24 attaques en tout.

L'ADDITION ET LA SOUSTRACTION POSÉES PAGES 30-31

EXERCICE 1

1282 + 3415 = 4697

3780 + 2217 = 5997

5817 + 1254 = 7071

3483 + 3275 = 6758

5805 + 2686 = 8491

1980 + 4725 = 6705

EXERCICE 2

5478 − 2163 = 3315

6854 − 3642 = 3212

EXERCICE 3

2375 − 1148 = 1227

4925 − 2570 = 2355

3284 − 1517 = 1767

8531 − 4258 = 4273

PROBLÈME

5412 − 2385 = 3027

Il doit encore faire 3 027 pas.

LA MULTIPLICATION POSÉE PAGES 32-33

EXERCICE 1

35 × 3 = 105

37 × 4 = 148

59 × 2 = 118

19 × 8 = 152

EXERCICE 2

12 × 11 : 12 + 120 = 132

EXERCICE 3

45 × 22 : 90 + 900 = 990

157 × 36 : 942 + 4710 = 5652

291 × 25 : 1455 + 5820 = 7275

105 × 42 : 210 + 4200 = 4410

CALCUL MENTAL

R : 15 × 10 = 150

O : 7 × 20 = 140

H : 10 × 13 = 130

T : 9 × 20 = 180

E : 8 × 20 = 160

P : 20 × 10 = 200

M : 6 × 20 = 120

A : 10 × 17 = 170

Son nom est : POHMARMOTTE

PROBLÈME

21 × 12 : 42 + 210 = 252

Il a effectué 252 combats en tout.

Pages 34 à 43

LES LONGUEURS .... PAGES 34-35

EXERCICE 2
4 cm + 8 cm + 3 cm + 4 cm + 1 cm = 20 cm

EXERCICE 3
50 cm = 500 mm – 1 m = 100 cm –
2 m 20 cm = 220 cm – 170 cm = 1 m 70 cm –
200 cm = 2 m – 3 dm = 30 cm

EXERCICE 4
2 km = 2000 m –
960 dm = 96 m – 1 km 500 m = 1500 m
Coupenotte → 960 dm
Bourrinos → 1 km 500 m
Givrali → 1 200 m
Flambusard → 2 km

PROBLÈME
850 + 150 = 1 000 m
1 000 m × 2 = 2 000 m
2 000 m = 2 km
Elle a marché 2 000 m, soit 2 km.

LES MASSES .... PAGES 36-37

EXERCICE 1

EXERCICE 2
4 t – 3 000 kg – 450 kg – 912 g – 750 g – 475 g
Son nom est : GRORET

EXERCICE 3
1 kg = 1000 g – 1 t = 1000 kg – 2 kg = 2000 g – 3 t = 3000 kg

EXERCICE 4
8 000 g = 8 kg – 4 kg = 4 000 g –
6 kg 100 g = 6 100 g – 6 000 g = 6 kg –
6 kg 500 g = 6 500 g – 9 800 g = 9 kg 800 g –
4 100 g = 4 kg 100 g – 3 kg = 3 000 g

EXERCICE 5
800 + 500 + 900 + 100 + 700 = 3 000 g = 3 kg

PROBLÈME
1 t = 1 000 kg
1 000 kg - 300 kg = 700 kg
Balbalèze pèse 700 kg.

LES DURÉES .... PAGES 38-39

EXERCICE 1
a. 8 h 45. b. 9 h 20. c. 10 h 50. d. 11 h 30.

EXERCICE 2

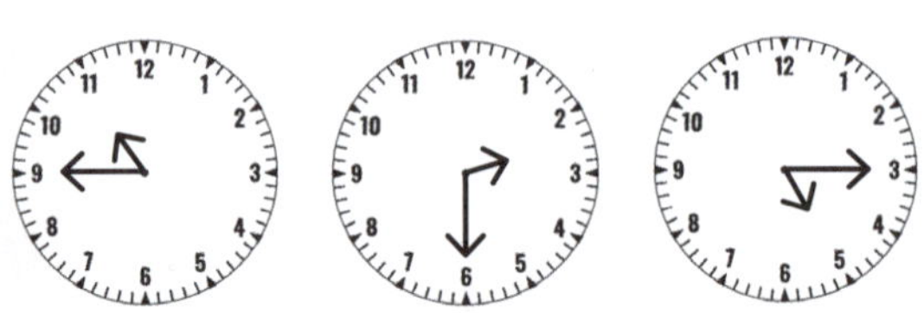

EXERCICE 3
2 siècles – 200 ans 120 min – 2 h
1 jour – 24 h 2 min – 120 s

EXERCICE 4
Combat 1 → 70 min = 1 h 10 min
Combat 2 → 90 min = 1 h 30 min
Combat 3 → 120 min = 2 h 00 min
Combat 4 → 150 min = 2 h 30 min

PROBLÈME
a. Pour aller de 3 h à 19 h, il y a 16 h.
Dracolosse a mis 16 heures pour faire ce trajet.
b. 3 × 24 h = 72 h
Flotillon le poursuit depuis 72 heures.

TRACER DES FIGURES .... PAGES 40-41

Remarque : Les figures ne sont pas en vraie grandeur.

EXERCICE 1

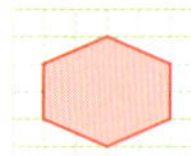

EXERCICE 2

EXERCICE 3

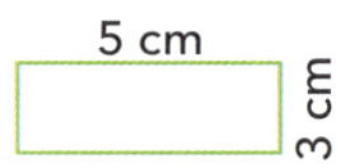

EXERCICE 4

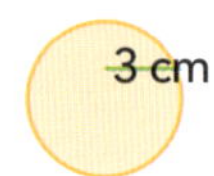

PROBLÈME

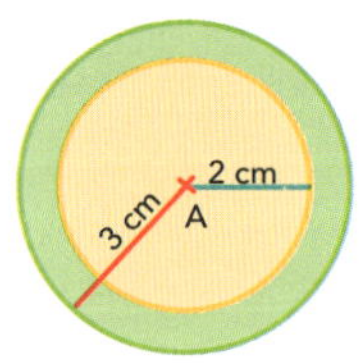

Remarque : Pour le second cercle, il faut veiller à ne pas confondre rayon et diamètre. Ici, le cercle a un diamètre de 6 cm, donc un rayon de 3 cm.

TABLEAUX ET GRAPHIQUES .... PAGES 42-43

EXERCICE 1
a. 5 Pokémon. b. À partir du 4e jour. c. 19 Pokémon.

EXERCICE 2
a. Les Baies Tamato.
b. 3 Baies Pêcha.
c. 7 + 3 + 5 + 8 = 23 → Il a mangé 23 Baies.

EXERCICE 3
a. 14 h 45. b. Dans l'Arène de Sevaro.
c. Dans l'Arène de Mezclamora. d. 14 h 30.

EXERCICE 4
a. 4 Pokémon.
b. Le Dresseur 2.
c. 3 + 7 = 10 Pokémon.
d. Le type Fée.

PROBLÈME
2 + 5 = 7 attaques de type Fée.
4 + 2 = 6 attaques de type Normal.
Elle a plus utilisé les attaques de type Fée.